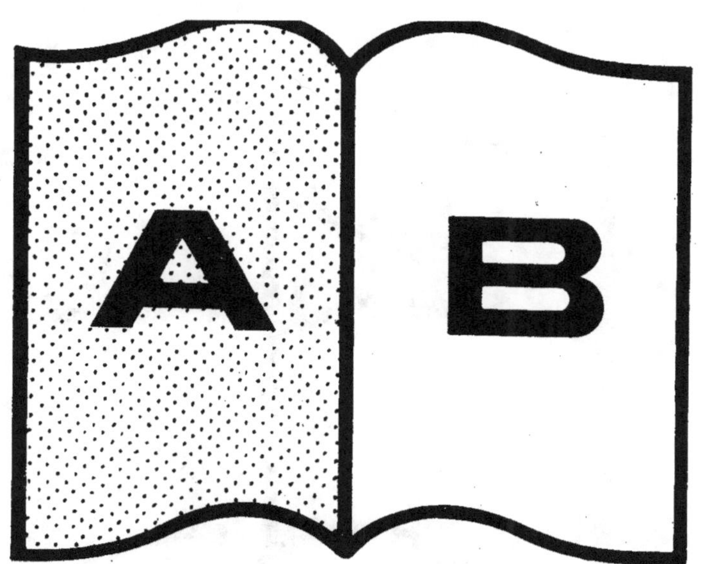

Contraste insuffisant

NF Z 43-120-14

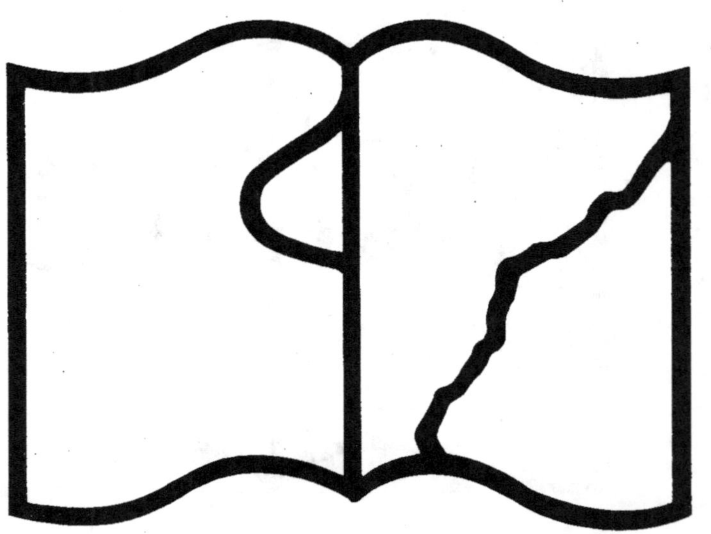

Texte détérioré — reliure défectueuse

NF Z 43-120-11

ALGÉRIE

Exposition Universelle de 1900

NOTICE

SUR

LES SERVICES MARITIMES

DE L'ALGÉRIE

Rédigé par le Commissaire de 1re classe de la Marine

A. IMBERT

CHARGÉ DES DÉTAILS ADMINISTRATIFS A ALGER

Suivant les instructions et sous la direction du

Contre-Amiral SERVAN

COMMANDANT LA MARINE EN ALGÉRIE

ALGER-MUSTAPHA

GIRALT, IMPRIMEUR-PHOTOGRAVEUR

Rue des Colons, 17

1900

NOTICE

SUR

LES SERVICES MARITIMES

DE L'ALGÉRIE

NOTICE

SUR

LES SERVICES MARITIMES

DE L'ALGÉRIE

Rédigé par le Commissaire de 1ʳᵉ classe de la Marine

A. IMBERT

CHARGÉ DES DÉTAILS ADMINISTRATIFS A ALGER

Suivant les instructions et sous la direction du

CONTRE-AMIRAL SERVAN

COMMANDANT LA MARINE EN ALGÉRIE

ALGER-MUSTAPHA

GIRALT, IMPRIMEUR-PHOTOGRAVEUR

Rue des Colons, 17

1900

NOTICE

SUR

LES SERVICES MARITIMES

DE L'ALGÉRIE

A l'occasion de l'Exposition Universelle de 1889, une notice avait été rédigée exposant la situation de la navigation maritime et de la pêche côtière en Algérie.

Ce travail, très étudié et le premier qui ait été publié sur la matière, contient notamment les renseignements les plus intéressants au point de vue de l'historique de la création des centres de navigation et de pêche et de l'organisation des services maritimes de notre possession.

Depuis cette époque, des modifications importantes ont été apportées dans l'organisation administrative de l'Algérie, et la situation de la navigation et de la pêche a subi des changements qui méritent d'être signalés.

Aussi, sur l'invitation de M. le Gouverneur général, M. le Contre-Amiral, commandant la Marine en Algérie, a-t-il jugé opportun de faire connaître la part que la navigation et la pêche côtière apportent actuellement aux ressources de la Colonie et les progrès réalisés depuis dix ans dans cette branche de l'activité économique.

Tel est le but de la présente notice.

I. Règlementation

Attributions du Gouverneur général. — Le décret du 31 décembre 1896 a replacé dans les attributions du Gouverneur général de l'Algérie, les services maritimes qui avaient été rattachés au département de la Marine par un décret du 26 août 1881.

En exécution de cet acte, est intervenu, le 3 novembre 1897, un arrêté du Ministre de la Marine déterminant ainsi qu'il suit les attributions du Gouverneur général :

« ARTICLE PREMIER. — Les services du pilotage, de
« la pêche cotière, de la police de la navigation et du
« domaine public maritime sont placés, en Algérie,
« sous la haute autorité du Gouverneur général.

« ART. 2. — Les lois, décrets et règlements qui ré-
« gissent en France les services énumérés à l'article
« premier s'appliquent en Algérie, dans toutes celles
« de leurs dispositions auxquelles il n'est pas dérogé
« par la législation spéciale de ce pays.

« ART. 3. — Le Gouverneur général exerce en Al-
« gérie, pour les services énumérés à l'article premier
« et avec le concours du Contre-Amiral commandant
« la Marine en Algérie, toutes les attributions dé-
« volues au Ministre dans la Métropole. »

. . . .

Le décret du 23 août 1898, relatif aux attributions du Gouverneur général de l'Algérie, actuellement en vigueur, n'a rien innové en ce qui concerne les services maritimes, qui demeurent régis par les dispositions de l'arrêté du 3 novem re 1897.

Organisation des services maritimes. — Les services maritimes en Algérie sont organisés dans les mêmes conditions que dans la Métropole et les actes organiques qui les régissent en France sont appliqués en Algérie, sous la réserve de quelques modifications de détail de peu d'importance.

Ces services sont dirigés par le Contre-Amiral, commandant la Marine en Algérie, qui a sous ses ordres un Commissaire principal de la Marine, chef du service administratif, résidant à Alger, et quatre commissaires de 1re classe de la Marine, chargés de la direction des quartiers d'Inscription maritime d'Oran, Alger, Philippeville et Bône. Chaque quartier est divisé en préposats et syndicats, à la tête de chacun desquels se trouve un syndic des gens de mer relevant directement du chef du quartier. Des gardes maritimes, placés dans les chefs-lieux des quartiers et des préposats ou dans des stations isolées, concourent avec les syndics à la surveillance de la pêche et de la navigation.

Ces agents, syndics et gardes maritimes, formant un cadre spécial à l'Algérie, sont nommés par le Gouverneur général, sur la proposition du Contre-Amiral commandant la Marine et recrutés suivant les règles adoptées dans la Métropole.

L'aviso-torpilleur la *Dague*, ses annexes, les chaloupes-vedettes *Chéliff* et *Seybouse*, et le torpilleur de haute mer *Téméraire* sont chargés d'assurer, en mer, l'exécution des lois et règlements concernant ls police de la pêche et de la navigation. Il serait à désirer qne cette organisation insuffisante fût modifiée et améliorée à l'imitation de l'état de choses créé par le décret du 10 octobre 1897 dans la Métropole.

Navigation. — La navigation entre la France et l'Algérie ne peut s'effectuer que sous pavillon français. Cette disposition, édictée par la loi du 2 avril 1889, a pour but de favoriser le commerce maritime national.

Etaut donné que la voie de mer est la seule qui relie la Colonie à la Métropole, l'avantage résultant de cette disposition législative pour les armateurs français est considérable.

La loi du 30 janvier 1893, sur la Marine marchande, accorde les avantages qui y sont stipulés aux navires francais effectuant la navigation au long cours ou au cabotage international entre les ports d'Algérie et les ports étrangers, au même titre qu'entre les ports français et étrangers.

Le cabotage algérien de port à port, qui se faisait autrefois avec des balancelles, est actuellement presque complètement effectué par des navires à vapeur appartenant à des armateurs français établis dans la Colonie. Ce genre de navigation est entré sous le regime du droit commun depuis le décret du 18 juin 1897. Cependant, à titre transitoire, les inscrits maritimes titulaires du brevet de patron au cabotage algérien, conservent le droit de commander dans certaines conditions.

D'autre part, l'application des prescriptions de l'acte de navigation du 21 septembre 1793, exigeant que tous les officiers et les 3/4 de l'équipage soient français, pourrait être suspendue à titre exceptionnel, si cette règle n'etait pas applicable, et les équipages des caboteurs algériens pourraient comprendre une proportion d'étrangers s'élevant au-dessus du quart, mais sans dépasser la moitié.

Pilotage. — Le service du pilotage a été organisé dans les principaux ports d'Algérie sur les mêmes bases que dans les ports de France ; il fonctionne actuellement suivant le règlement général et les tarifs annexés au décret du 23 mars 1886.

Pêche côtière. — La pêche maritime côtière en Algérie est soumise au régime du décret-loi du 9 janvier 1852 et réglementée par un décret du 2 juillet 1894, qui reproduit les mesures générales d'ordre et de police appliquées dans les cinq arrondissements maritimes de la Métropole.

Lo loi du 1ᵉʳ mars 1888 ayant interdit la pêche aux étrangers dans les eaux territoriales de la France et de l'Algérie, l'exploitation de ces eaux se trouve aujourd'hui exclusivement réservée aux inscrits maritimes français ou naturalisés français. Avant cette époque les étrangers pouvaient pêcher librement dans nos eaux et les habitudes contractées par les Italiens notamment ont continué à être suivies, malgré les nouvelles dispositions.

La fraude était difficile à réprimer et il a fallu toute l'activité des autorités maritimes pour mettre à peu près définitivement fin à des pratiques également préjudiciables aux intérêts de nos nationaux et au prestige de la France.

Jusqu'à l'année dernière, on signalait, à chaque printemps, la présence sur les côtes du quartier de Philippeville d'un certain nombre de balancelles italiennes qui venaient pêcher la sardine en mer libre. Le plus souvent, quand elles n'étaient pas surveillées, ces barques pêchaient dans nos eaux territoriales. Depuis 1898, grâce à la présence permanente d'un bâtiment garde-pêche qui n'a cessé de croiser dans ces parages, nos eaux territoriales ont été respectées. Il est bien venu encore quelques balancelles étrangères, mais elles sont restées dans le port de Djidjelli où elles achetaient le poisson aux bateaux français venus en grand nombre de La Calle, de Philippeville et d'Alger. Cette partie de la côte algérienne est particulièrement favorable à la pêche, et il est à désirer que les armateurs français se substituent enfin aux Italiens qui l'ont si longtemps et si fructueusement exploitée.

Domaine public maritime. — Le décret du 21 février 1852 sur la domanialité publique maritime a été rendu applicable à l'Algérie par un décret du 19 mars 1886.

Les occupptions de portions de mer ou de rivage, les extractions de sables et de graviers, sont règlementées comme dans la Métropole.

La délimiiation du rivage de la mer a été entreprise sur les points du littoral où elle présentait le plus grand intérêt.

L'exécution de ce travail, qui n'est pas encore complètement achevé, assure l'application de l'article 2 de la loi de finances du 20 décembre 1872, qui soumet à une redevance tout établissement autorisé sur le domaine public maritime ; en outre, elle permet aux agents des départements de la Marine, des Finances et des Travaux Publics, placés sous l'autorité du Gouverneur général, de veiller à la conservation de ce domaine et de protéger les intérêts qui s'y rattachent.

Inscription Maritime.— La loi du 24 décembre 1896 est appliquée aux inscrits portés sur la matricule des gens de mer en Algérie. Toutefois, en vue de favoriser la colonisation, ces marins sont envoyés en congé illimité après un an de présence effective sous les drapeaux.

Tout individu exerçant la profession de marin est soumis au régime spécial de l'Inscription Maritime, au point de vue des obligations militaires et jouit des avantages que comporte en retour cette situation.

La loi du 20 juillet 1897 prescrit la délivrance de permis de navigation aux personnes qui se livrent à une navigation d'agrément ; pour pratiquer la pêche à titre de passe-temps, il faut, en outre, payer une redevance au profit de la caisse des invalides de la Marine. De même, il est délivré des permis de circulation en vue de l'exploitation de parcelles concédées sur le domaine public maritime et de propriétés agricoles ou industrielles riveraines de ce domaine.

II. Centres maritimes

Ports de commerce et de pêche. — Les principaux ports de commerce et centres de pêche sont de l'Ouest à l'Est :

Quartier d'Oran

Nemours.
Beni-Saf.
Mers-el-Kébir.
Oran.
Arzew.
Mostaganem.

Quartier d'Alger

Ténès.
Gouraya.
Cherchell.
Tipaza.
Castiglione.
Alger.
Dellys.
Port-Gueydon.

Quartier de Philippeville

Bougie.
Djidjelli.
Collo.
Stora.
Philippeville.

Quartier de Bône

Herbillon.
Bône.
La Calle.

La plupart des ports algériens sont fréquentés non seulement par les navires faisant le cabotage local, mais aussi par des navires qui relient la colonie à la métropole et aux grands ports d'Europe ; les principaux reçoivent en outre, de grands navires qui relâchent pour se ravitailler et qui prennent même du fret pour toutes les parties du monde.

Dans tous les centres maritimes la pêche est pratiquée avec plus ou moins d'activité, suivant l'importance de la population locale.

En dehors même des ports, il existe sur la côte certains points où les pêcheurs se rendent pendant la saison d'été, pour procéder à la salaison du poisson qui ne peut être consommé à l'état frais.

Population maritime. — La population maritime des côtes algériennes a été formée en grande partie par des émigrants venus d'Espagne, d'Italie et de Malte.

Les français d'origine sont peu nombreux ; au début de la colonisation, rien ne les attirait sur les côtes d'Algérie, où les étrangers avaient toute liberté pour se livrer à la pêche et savaient se contenter d'un faible salaire, tout en supportant avec plus de facilité (habitués dans leur pays à une misère plus grande), les fatigues et les dangers du métier de la mer dans un pays nouveau et peu connu.

Lors de l'application de la loi du 1er mars 1888 interdisant la pêche aux étrangers dans les eaux territoriales de France et d'Algérie, les marins d'origine étrangère qui étaient établis dans la colonie et que leurs intérêts y retenaient durent acquérir la nationalité française.

Depuis cette époque et sous l'action de la loi du 26 juin 1889, les fils des étrangers immigrés, nés en Algérie, sont devenus français de droit ; de sorte que la proportion de l'élément français paraît aujourd'hui, officiellement, assez importante.

Mais s'il est vrai que les marins de la nouvelle génération, nés et élevés en Algérie, ont perdu toute attache avec la patrie d'origine de leurs parents, ils n'en conservent pas moins la langue, les traditions et les mœurs ; il faudrait pour franciser complètement et rapidement cet élément de la colonisation lui donner une instruction française développée et habilement distribuée. Il est à remarquer, d'ailleurs, que la plupart de ces jeunes gens, qui ont accompli leur service militaire dans la Marine de l'Etat, ont acquis avec l'esprit de discipline et d'honneur qui règne sur nos bâtiments, un certain sentiment d'amour propre national qui est la base du patriotisme.

Au reste, les inscrits algériens sont en général avantageusement appréciés par les commandants des bâtiments sur lesquels ils sont embarqués ; et ils rapportent presque tous du service des souvenirs favorables à la France.

Le nombre des inscrits maritimes levés pour le service de la flotte augmente chaque année ; il a doublé depuis dix ans et fournit actuellement un contingent annuel de 120 hommes : on peut donc espérer que dans un avenir peu éloigné la population maritime des côtes d'Algérie sera devenue tout-à-fait française d'esprit et de cœur.

Actuellement, la situation n'est pas aussi satisfaisante ; car parmi les vieux marins, beaucoup ne se sont fait naturaliser que contraints par la nécessité et ils restent profondément attachés à leur pays d'origine.

On pourrait accuser ces hommes d'ingratitude ; car ils ont trouvé chez nous ce qu'ils n'avaient pas chez eux, l'existence assurée et tous les avantages matériels et moraux que le pavillon français abrite sur tous les points du globe où il flotte comme le symbole inconstesté de la justice et de la liberté.

Toutefois, il faut reconnaître dans le culte de l'ancienne patrie un sentiment louable qui pourrait s'allier très bien avec la reconnaissance due à la patrie d'adoption, si des intérêts factices et d'ordre politique ne venaient troubler les âmes simples de ces hommes de mer et développer chez eux des passions irraisonnées qui les livrent parfois à des entraînements regrettables.

Mais c'est là un état transitoire : comme nous l'avons exposé plus haut, les nouvelles générations dans une évolution, trop lente au gré de beaucoup mais en tout cas certaine, se rapprochent de plus en plus des colons d'origine française et finiront par se fondre avec eux.

Les dangers de l'émigration étrangère ne sont d'ailleurs plus à redouter maintenant, du moins en ce qui concerne la colonisation maritime.

Les inscrits naturalisés sont établis en Algérie avec leurs familles depuis de longues années ; leurs enfants prendront leur place, et les nouvelles naturalisations qui se produisent encore sont dans une proportion de plus en plus faible par rapport à l'élément français provenant des jeunes gens nés sur notre territoire.

Indigènes musulmans. — Quant aux indigènes musulmans, ils fournissent un faible contingent à l'inscription maritime ; ils exercent de préférence le métier de batelier dans les ports fréquentés par les paquebots et ne se livrent qu'accidentellement à la pêche. Un certain nombre d'entre eux naviguent au grand cabotage et au long cours, comme chauffeurs.

Ces inscrits, en leur qualité d'indigènes musulmans

et en vertu des dispositions du sénatus-consulte du 14 juillet 1865, ne sont pas soumis à l'obligation du service militaire ; ils ne sont levés pour le service de la flotte qu'à leur demande.

Le petit nombre d'indigènes embarqués sur les bâtiments de l'Etat s'y comportent ordinairement très bien. Si l'on n'a pas songé à chercher dans cet élément de la population algérienne des ressources plus importantes pour la Marine militaire, c'est que le caractère des indigènes musulmans paraît peu se préférer, en général, à l'assouplissement et à la régularité d'existence qu'exige la discipline des bâtiments de guerre. Ces marins qui ont de précieuses qualités d'endurance et de sobriété, sont trop insouciants et paresseux pour fournir pendant longtemps de bons services.

Il faut ajouter que leurs coreligionnaires les voient peut-être avec défaveur partager l'existence des chrétiens.

Ce sentiment n'est pas aussi vif en ce qui concerne les corps de troupe, parce que ceux-ci sont composés en majorité d'indigènes et que les musulmans qui en font partie continuent à y suivre les règles de leur religion et leurs coutumes.

III. Navigation Maritime

La voie de mer est la seule qui relie l'Algérie à la Métropole, à l'Europe et à la plus grande partie du monde civilisé, la voie de terre n'étant employée que pour les relations avec les pays voisins et le centre de l'Afrique. Aussi, la navigation maritime a-t-elle pris dans la Colonie un très grand développement. Les communications entre les villes du littoral se font également par mer en très grande partie ; elles ont longtemps eu lieu exclusivement par cette voie.

La navigation se divise en trois oatégories : long-cours, grand cabotage et cabotage algérien.

Long-cours et grand cabotage. — Le nombre total de navires, tant à voiles qu'à vapeur, employés au transport des marchandises entre l'Algérie et la France, d'une part, et les colonies françaises et les pays étrangers, d'autre part, s'est élevé en 1898 à 7.043 unités ; savoir :

A l'entrée : 3.486 navires jaugeant 2.401.353 ton.
A la sortie : 3.537 navires jaugeaut 2.551.465 ton.

Ce mouvement représente une valeur commerciale d'environ 600.000.000 de francs.

Le port d'Alger entre pour la plus grande part dans ce mouvement.

Comparé aux ports français, Alger occupe le second rang comme tonnage de jauge, venant immédiatement après Marseille, avec 6.867.341 tonneaux et avant le Havre qui atteint 6.036.175 tonneaux.

Si l'on ne tient compte que des navires chargés, Alger vient au quatrième rang, avec 2.420.266 tonneaux, après Bordeaux et avant Dunkerque.

Enfin, au point de vue de l'effectif des marchandises, Alger se place au sixième rang, avec 1 million 367.160 tonneaux, entre Rouen et Saint-Nazaire.

Il est intéressant de signaler le mouvement commercial du port de Bône, qui atteint à la sortie en 1898, le chiffre de 477.503 tonneaux de marchandises avec les phosphates.

La navigation entre l'Algérie et la Métropole est exclusivement réservée au pavillon français, comme nous l'avons déjà dit.

Dans la navigation entre l'Algérie et l'étranger, le pavillon français figure dans la proportion de 15 0/0.

Il n'y a pas de navires armant en Algérie pour le long-cours; les armements pour le grand cabotage avec la France et les pays d'Europe sont en très petit nombre; il n'y a eu en 1890 que 6 navires à Alger et 1 à Oran, représentant un total de 10.000 tonnes de jauge, appartenant à des armateurs français résidant en Algérie, qui aient été armés pour cette destination; tous les autres navires français pratiquant ces deux catégories de navigation sont armés dans les ports de la Métropole.

Parmi les navires étrangers fréquentant les ports algériens un certain nombre ne font que relâcher pour se ravitailler en charbons et vivres frais; c'est surtout le port d'Alger qui est choisi par les bâtiments relâcheurs. Ce genre d'opérations augmente chaque année et les autorités maritimes et commerciales s'efforcent d'en faciliter le développement, pour le plus grand avantage du port d'Alger. Le nombre des navires relâcheurs a été en 1898 de 1.327, représentant 2 millions 96.756 tonneaux de jauge, dont, pour le seul port d'Alger, 1.291 navires jaugeant 2.065.072 tonnes.

Services maritimes postaux entre l'Algérie, la Métropole, le Maroc et la Tunisie. — Une loi du 11 janvier 1898 a approuvé la convention conclue, le

16 décembre 1896, entre le gouvernement et diverses compagnies de navigation pour l'exploitation des services maritimes postaux entre la France, l'Algérie, la Tunisie, la Tripolitaine et le Maroc, pendant une période de dix ans.

Ces Compagnies, dont les navires sont attachés au port de Marseille, sont la Compagnie Générale Transatlantique, la Compagnie de Navigation Mixte et la Société Générale de Transports maritimes à vapeur.

Le gouvernement français alloue aux Compagnies contractantes, pour l'ensemble des services qu'elles doivent assurer, une subvention annuelle de 1 million 600.000 francs et, en outre, des primes à la vitesse dans la limite de 400.000 francs par an.

En vertu de cette convention, les ports algériens sont régulièrement desservis ainsi qu'il suit :

Oran

Deux paquebots heddomadaires de la Compagnie Générale Transatlantique, à 13 nœuds, faisant les voyages de Marseille, dont un direct, l'autre touchant à Carthagène ;

Un paquebot hebdomadaire de la Société Générale de Transports maritimes à vapeur, à 10 nœuds 50, faisant les voyages directs entre Marseille et Oran ;

Un paquebot hebdomadaire de la Compagnie de Navigation Mixte, à 10 nœvds 50, faisant les voyages de Cette, Port-Vendres, Oran, Port-Vendres et Cette.

Enfin, cette dernière Compagnie effectue, chaque quinzaine, un voyage de 10 nœuds d'Oran à Tanger, avec escales à Beni-Saf, Nemours, Melilla et alternativement Tétuan ou Gibraltar.

Alger

Quatre paquebots hebdomadaires de la Compagnie Générale Transatlantique, faisant les voyages directs de Marseille, trois à 15 nœuds, un à 13 nœuds ;

Un paquebot hebdomadaire de la Compagnie de Navigation Mixte, à 10 nœuds 50, faisant les voyages de Cette, Port-Vendros, Alger, Port-Vendres et Cette.

En outre, Alger se trouve relié à la côte Est de l'Algérie et à la Tunisie par deux paquebots hebdomadaires de la Compagnie Générale Transatlantique faisant les voyages de Marseille, Bougie, Alger, Bougie. Marseille, à 10 nœuds 50, et d'Alger à Tunis et retour avec relâche à Bougie, Djidjelli, Collo, Philippeville, Bône, La Calle, Tabarka et Bizerte, à 10 nœuds.

Philippeville

Chaque semaine, un paquebot direct de Marseille, à 12 nœuds, et deux autres touchant à Bône à l'aller ou au retour, à 13 nœuds, appartenant à la Compagnie Générale Transatlantique.

De plus, Philippeville est visité par les paquebots faisant le service d'Alger à Tunis.

Bône

Chaque semaine, deux paquebots passant à Philppeveville en venant de Marseille ou en s'y rendant ;

Les paquebots d'Alger à Tunis touchent également à Bône ; enfin, ce port est relié à Ajaccio par un service hebdomadaire effectué par la Compagnie Générale Transatlantique, à 10 nœuds.

Cabotage algérien. — Le cabotage algérien, comprenant les transports de port à port sur le littoral de la Colonie, du Maroc et de la Tunisie, constitue la véritable navigation locale.

Pendant longtemps ce mode de transport ne s'effectuait qu'au moyen de balancelles de trente à quarante tonneaux de jauge.

Depuis quelques années, des navires à vapeur ont remplacé ces petits voiliers qui ne sont plus employés qu'au transport de marchandises de peu de valeur et ne s'éloignent guère de leur port d'attache.

Les navires à vapeur exerçant cette navigation jaugent de 100 à 400 tonneaux. L'ensemble des navires côtiers à voiles et à vapeur armés en 1898 s'élève à 68 unités, montés par 614 hommes et transportant annuellement environ 200.000 tonnes de 1.000 kilos de marchandises.

Ces équipages sont composés d'inscrits maritimes algériens et ne comprennent que quelques étrangers dans la proportion du quart au maximum, conformément à l'acte de navigation du 21 septembre 1793 ; en fait, les ressources fournies par les inscrits maritimes français ou naturalisés français suffisent à constituer les équipages régulièrement, et il n'a pas été nécessaire jusqu'ici d'appliquer la mesure exceptionnelle de l'art. 4 du décret du 18 juin 1891, qui permet d'élever le nombre des étrangers embarqués jusqu'à la moitié de l'équipage.

Les capitaines sont pourvus du brevet de maître au cabotage ; cependant, à titre transitoire, les anciens patrons algériens continuent à exercer le commandement de quelques-uns de ces navires côtiers, dans les conditions que nous avons mentionnées en exposant les dispositions du décret réglant le cabotage algérien.

Ecoles d'hydrographie. — Le développement des armements maritimes et l'obligation imposée de produire le brevet de maître au cabotage pour être admis à commander les navires à vapeur armés pour effectuer le cabotage tant en Algérie qu'en Tunisie, ont fait reconnaître la nécessité d'organiser en Algérie l'instruction nautique, afin de permettre aux marins de la Colonie de faire des études spéciales en vue de l'acquisition de ce brevet ainsi que de celui de capitaine au long-cours.

A cet effet, deux écoles libres d'hydrographie ont été créées à Alger et à Philippeville, avec l'autorisation du Ministre de la Marine. Elles sont organisées et entretenues par les municipalités de ces deux villes et actuellement en plein fonctionnement. Le nombre des élèves suivant les cours permet de bien augurer de l'avenir de ces institutions et des heureux résultats qu'elles sont appelées à produire, pour le développement de l'instruction professionnelle des navigateurs algériens.

Bornage. — En dehors de la navigation proprement dite, dont nous venons de parler, il convient de s'occuper du bornage, qui comprend le batelage et le remorquage s'exerçant dans un rayon de 45 milles autour du port d'attache des bateaux armés pour ce genre de navigation.

Le décret du 20 mars 1852, qui régit cette matière

en France, a été rendu applicable et exécutoire en Algérie par le décret du 17 septembre 1882.

Les patrons des bateaux armés au bornage sont des inscrits maritimes, âgés de 25 ans et réunissant 60 mois de navigation ; ceux qui commandent des bateaux à vapeur doivent, en outre, avoir fait preuve de connaissances élémentaires, concernant les machines à vapeur marines, devant une Commission spéciale qui délivre, à cet effet des certificats d'aptitude.

Les bateaux armés au bornage dans les quatre quartiers d'Algérie ont été en 1898, au nombre de 386 avec 657 hommes d'équipage.

Dans les ports d'Alger, Oran, Bougie, Philippeville et Bône, il existe des remorqueurs à vapeur d'une certaine importance comme tonnage et force de machine.

Le batelage est pratiqué à Alger, Mostaganem, Dellys, Bougie, Djidjelli et Philippeville notamment, par un nombre assez élevé de marins indigènes musulmans.

Navigation de plaisance. — Le goût des choses de la mer n'est pas assez répandu parmi la population algérienne quoique la navigation de plaisance ait pris une importance assez considérable pour être signalée.

A Alger, la Société du Sport nautique, comprenant 126 membres, possède 3 yachts à vapeur et 73 yachts à voiles.

Des Sociétés semblables existent à Oran et Philippeville.

Le port de Bône possède 3 yachts à vapeur.

Le nombre des permis de navigations de plaisance délivrés pendant l'année 1898 s'est élevé, pour tous les ports algériens, au chiffre de 850.

Constructions de navires. — L'art des constructions navales ne s'est pas encore développé en Algérie.

Les navires à vapeur attachés aux ports de la colonie proviennent des chantiers européens, principalement de France et d'Angleterre ; les navires à voiles sont fournis par l'Espagne et l'Italie ; il en est de même des embarcations de pêche.

Les chantiers et ateliers installés en Algérie ne font guère que des réparations et des embarcations de plaisance ou de servitude.

Cependant, en 1895, il a été construit à Alger un remorqueur de 19 mètres de longueur et de 30^t 40 de jauge brute.

Dans ces dernières années, il a été aussi construit quelques bateaux de pêches de 1 à 3 tonneaux et un grand nombre de barques destinées au batelage. Dans le quartier d'Oran, on construit également quelques embarcations de pêche de faible tonnage.

Il est à désirer que cette industrie prenne une plus grande extension, ce qui augmenterait considérablement l'activité commerciale et industrielle de nos ports et éviterait aux armateurs de s'adresser à l'étranger.

IV. Pilotage

Le service du pilotage, régi par le décret organique du 12 décembre 1806, a été installé dans les ports d'Oran, Mers-el-Kébir, Arzew, Alger, Philippeville et Bône, suivant les disposition du règlement rendu exécutoire en Algérie par le décret du 23 mars 1886.

Caisse du pilotage. — Administration. — Les pilotes de chaque port font caisse commune et l'administration du service du pilotage est confiée à une commission composée de membres appartenant à la Marine et au Commerce et présidée par le Commissaire de l'Inscription maritime ou l'officier de Marine, Directeur des Mouvements du port, suivant le cas.

La caisse du pilotage est alimentée :

1º par le produit des taxes perçues sur les navires à l'entrée et à la sortie des ports ainsi que pour les changements de mouillage.

2º par les revenus du capital constitué par les excédents de recettes.

Les dépenses auxquelles pourvoit la caisse comprennent : la solde du personnel affecté au service, l'achat et l'entretien du matériel, les secours ét pensions alloués au personnel, enfin les gratifications accordées, quand il y a lieu, aux canotiers.

Chaque année, après le prélèvement des dépenses obligatoires, l'excédent des ressources est réparti entre les pilotes dans une certaine proportion.

Les pilotes et les marins embarqués sur les bateaux affectés au service du pilotage sont traités aux frais de la caisse du pilotage s'il tombent malades ou sont blessés pendant la durée de leur service.

Dans chaque station, il a été fixé un chiffre minimum du capital à maintenir pour assurer le renouvellement du matériel et le paiement des pensions.

Situation financière. — Grâce à la bonne gestion des caisses du pilotage des ports d'Algérie et aux progrès constants du mouvement de la navigation, ces caisses se trouvent aujourd'hui dans une situation prospère.

Aussi des réductions importantes ont-elles pu être apportées aux tarifs primitivement fixés ; malgré la diminution des revenus résultant de ces mesures, le service du pilotage continue, dans chaque port, à entretenir le personnel et le matériel dans d'excellentes conditions.

A Alger, le pilotage possède deux chaloupes à vapeur qui facilitent grandement le service et sont, dans certaines circonstances, d'un précieux secours pour les navires fréquentant le port.

V. Pêche côtière

La côte d'Algérie a toujours été reconnue comme très riche en espèces ichthyologiques de toute sorte.

Aussi, dès le début de l'occupation française, la pêche a-t-elle été pratiquée auprès des centres de population où l'écoulement de ses produits était facile et rémunérateur.

Importance de la pêche. — Aujourd'hui, cette industrie a pris une importance considérable ; la pêche fournit à l'alimentation publique une nourriture saine et variée, en poisson frais ; de plus, une partie du poisson pêché est salé ou mis en conserves ; enfin, les ports d'Algérie reliés directement à Marseille par des paquebots réguliers et à marche rapide expédient dans ce port une grande quantité de poisson frais, conservé dans la glace.

La pêche côtière a été pratiquée pendant l'année 1898 par 1.147 bateaux montés par 4.510 marins ; elle a donné un rendement évalué à 2.400.000 francs environ.

Bien que, depuis 1889, le nombre des bateaux se soit accru sensiblement, le rendement a subi une diminution très considérable depuis quelques années, par suite de la disparition de la sardine et de l'anchois sur les côtes des quartiers de Philippeville et d'Alger notamment.

Ces poissons migrateurs, autrefois très abondants, ne se présentent plus guère qu'en petit nombre.

Aussi, comme les marins, les armateurs et les usiniers souffrent-ils gravement de cette pénurie.

Les causes et les lois des migrations des poissons sont encore mal connues ; cependant on peut espérer que, de même que cela s'est produit en Bretagne, les passages de sardines et d'anchois redeviendront prochainement ce qu'ils étaient autrefois et que la crise qui sévit actuellement sur cette industrie sera conjurée.

Répartition des produits de la pêche. — La plupart dos engagements à la pêche ont lieu à la part, ce qui représente pour chaque matelot un produit net annuel de 550 à 600 francs.

Pour la pêche au bœuf, quelques engagements se

font au mois ; le marin évite ainsi l'aléa de la campagne ; mais, en définitive, il ne reçoit pas un salaire
plus élevé qu'en s'engageant à la part.

Espèces d'animaux. — Les espèces d'animaux
pêchés sur les côtes d'Algérie sont à peu près les
mêmes que celles qui se trouvent sur le littoral du
5e arrondissement maritime de France.

Ce sont :

Les poissons sédentaires vivants dans les fonds
rocheux et couverts d'une végétation abondante et sur
les fonds plats et sabloneux :

Ombrines, pageaux, bogues, oblades, daurades,
mérots, loups ou bars, brochets, rascasses, grondins,
mulets, rougets, turbots, soles, merlans, merlues, congres, murènes, anguilles, raies ;

Les poissons migrateurs, qui se présentent à des
époques périodiques : Espadous, thons, bonites, pala-
mides, maquereaux, allaches, anchois, sardines,
saurels, aiguilles ;

Les crustacés comprenant : les langoustes, homards,
crevettes, cigales, crabes ;

Les mollusques : 1° les poulpes, seiches, encornets ;
2° les coquillages : huîtres, moules, pétoucles, pa-
lourdes, clovisses, praires ; 3° les oursins.

On pêche aussi quelquefois des tortues de mer et
des squales : requins marteaux, chiens de mer,
roussettes.

Dégâts occasionnés par les marsouins et dauphins.
— Parmi les animaux marins qui fréquentent les
eaux algériennes, il importe de signaler les dauphins

et les marsouins qui font aux pêcheurs une concurrence redoutable et occasionnent fréquemment de graves dégâts aux filets et aux madragues.

Les déprédations commises par ces animaux ne peuvent être évaluées ; mais elles sont considérables.

On a bien cherché à se débarasser de ces hôtes incommodes et nuisibles ; mais les procédés essayés jusqu'à ce jour n'ont donné aucun résultat efficace.

Peut-être l'allocation d'une prime analogue à celle qui est attribuée pour la capture des fauves terrestres, encouragerait-elle les pêcheurs à poursuivre ces cétacés.

On pourrait arriver ainsi sinon à les détruire, du moins à réduire dans une large mesure les dommages résultant de leur présence continuelle sur les lieux de pêche.

Conditions d'exercice de la pêche. — L'exercice de la pêche est réglementé par le décret du 2 juillet 1894 et les arrêtés du 5 du même mois.

Le décret fixe les conditions générales suivant lesquelles les différents modes de pêche sont autorisés ; les arrêtés, spéciaux à chacun des quartiers d'Algérie, déterminent les formes et dimensions de certains engins particuliers ainsi que les lieux et les époques où ils peuvent être employés.

Le décret déclare la pêche maritime libre à la mer, sur les côtes et dans les rivières, canaux ou cours d'eaux communiquant directement ou indirectement avec la mer, jusqu'aux limites de l'Inscription Maritime.

Il indique quelles interdictions locales ou temporaires de pêche peuvent être prononcées.

Filets. — En ce qui concerne les filets, ils sont classés en trois catégories :

1° Les filets fixes : ce sont ceux qui, tenus au fond au moyen de piquets, de cordages ou de poids, ne changent pas de position, une fois calés ;

2° Les filets flottants : ce sont ceux qui, immergés dans les couches superficielles de la mer, ne touchent jamais au fond ;

3° Les filets traînants : ce sont ceux qui, coulés au fond au moyen de corps lourds placés à leur partie inférieure, y sont traînés par l'action d'une force quelconque ; ces filets se divisent en deux séries : la première comprend ceux qui sont traînés au fond, à la remorque de un ou de plusieurs bateaux ; la seconde ceux qui sont halés à bras sur le rivage, du large vers la terre, ou à bord d'un bateau mouillé, et ceux qui, coulés au fond, sont immédiatement ramenés vers la surface, à terre ou en mer.

Les mailles des filets fixes doivent avoir au moins vingt millimètres en carré ; les filets flottants ne sont assujettis à aucune dimension de maille.

Quant au filets traînants, ils doivent avoir des mailles d'au moins vingt millimètres en carré.

L'usage des filets traînants de la première série est interdit pendant les mois de juin, juillet et août ; celui des filets de la deuxième série pendant les mois de mars, avril et mai.

Ne sont pas soumis aux prescriptions relatives à la dimension des mailles, les filets spécialement destinés à la pêche des chevrettes, des anguilles, des soclets et autres poissons de petites espèces qui, à l'âge adulte, n'atteignent pas le minimum de la taille réglementaire.

L'emploi des armes à feu, des subtances explosives, de certains appâts ou procédés nuisibles, ainsi que la pêche au feu sont formellement interdits.

Le décret édicte les mesures propres à prévenir la destruction au frai et à assurer la conservation du poisson et du coquillage. Il fixe les dimensions règlementaires du poisson et des coquillages.

Il règle la procédure à suivre pour l'installation des établissements de pêche, spécialement des madragues, et les conditions de leur exploitation, tant pour assurer la conservation du frai que pour sauvegarder les intérêts de la navigation.

Les principaux filets employés par les pêcheurs algériens sont les suivants :

Filets fixes : madragues. — Filets fixes : Les madragues ; ces engins consistent dans une série de filets mouillés le long des côtes et destinés à arrêter les poissons de passage et à les conduire dans le corps de la madrague, puis dans une large poche appelée fosse où ils sont capturés.

Les madragues ne sont calées que pendant une partie de l'année fixée par l'arrêté de concession et comprise généralement entre le 1er avril et 30 octobre.

Il n'existe actuellement qu'un seul établissement de ce genre en exploitation ; il est situé à Dellys, dans le quariier d'Alger.

Filets flottants. — Parmi les filets de cette catégorie se rangent :

Le saldinal qui sert à capturer principalement la sardine, comme son nom l'indique, l'anchois, l'allache et divers autres poissons de passage ;

La bonitière qui est spécialement employée à la pêche de la bonite et du thon ;

Le trémail qui sert à prendre surtout les poissons de fond.

Ces filets, ne touchant pas au fond, sont absolument inoffensifs pour le frai et le fretin, qu'elles que soient leurs dimensions et la largeur de leurs mailles.

Filets traînants. — Parmi les filets traînants de la 1re série, le filet-bœuf est le plus usité. Il se compose de deux ailes se terminant par une poche très résistante dont l'ouverture est garnie de plomb à la ralingue inférieure et de liège à la ralingue supérieure. Manœuvré par deux bateaux, qui s'attellent chacun à une aile, ce filet drague le fond de la mer et recueille dans la poche tout ce qui se trouve sur son passage.

Cet engin, par son action violant sur le fond qu'il laboure littéralement, arrachant les herbes, détruisant les œufs, entraînant le fretin, est considéré comme particulièrement destructeur ; aussi son emploi n'est-il autorisé que par des fonds supérieurs à quarante mètres et dans des parages où ses inconvénients sont sans conséquence, le frai et le fretin étant à l'abri de ses atteintes.

La pêche au bœuf est pratiquée en général par des balancelles de 30 à 40 tonneaux de jauge, et par quatre paires de bateaux à vapeur, dont une à Alger et trois à Oran.

Malgré les mesures de protections édictées par la

loi et la suspension de trois mois qui frappe annuellement la pêche au bœuf, de nombreuses réclamations
s'élèvent chaque année contre l'emploi du filet-bœuf
dont quelques pêcheurs demande l'interdiction absolue.

Ces réclamations déterminées surtout par la jalousie
professionnelle. émanent de pêcheurs pratiquant des
arts ne rapportant qu'une faible quantité de poisson et
qui voient diminuer leurs bénéfices par suite de l'ap-
port au marché des produits de la pêche au bœuf,
souvent très abondants.

Ces plaintes sont certainement exagérées et la
richesse des eaux algériennes ne paraît pas encore
compromise par l'intensité de la pêche qui s'y prati-
que. Il faut cependant reconnaître que les pêcheurs ne
respectent pas suffisamment la loi et qu'ils n'hésitent
pas, en vue de réaliser un gain immédiat, à caler
leurs filets dans les zones interdites, sans souci du
mal qui peut en résulter pour l'avenir.

Aussi tout les efforts de l'autorité maritime tendent-
ils à organiser une surveillance permanente et effective, de façon à empêcher les pêcheurs de se livrer à
leurs funestes pratiques.

Il est bon d'ajouter, pour être rassuré sur la conservation des fonds de pêche, que les filets-bœufs ne
pouvant être traînés que sur des fonds unis, passent
toujours aux mêmes endroits connus des pêcheurs et
laissent en dehors de leur action toute la partie des
fonds garnie de rochers, où le poisson peut continuer
à librement frayer et se développer.

Le type des filets traînants de la seconde série est
la seine. Ce filet se compose, comme le bœuf, d'une
poche et de deux ailes ; il est élongé dans les baies

par un bateau et halé lentement à terre au moyen
d'amarres frappées sur chaque aile. Il sert à capturer
les poissons de passage et les espèces sédentaires qui
vivent dans les baies ; dans le premier cas il est
inoffensif.

Mais il présente les mêmes inconvénients que le filet
bœuf, au point de vue de la destruction du fretin,
lorsqu'il est employé dans les parages où fraie le poisson. Aussi son usage est-il interdit aux époques où se
développent les alevins.

Un autre filet du même genre, très usité, est le tartanon. C'est une petite seine qui, au lieu d'être tirée à
terre, est tirée à bord du bateau même qui en fait
usage. Le tartanon traînant sur le fond est un engin
certainement nuisible ; mais ses faibles dimensions et
le peu de force de traction qui l'anime le rendent moins
dangereux que le bœuf ou la seine. Il sert à prendre
le poisson de passage et les poissons de petites espèces
qui se trouvent à proximité du rivage.

Son emploi est interdit à l'époque du frai.

Lamparo. — Bien qu'officiellement classé parmi les
filets flottants, le lamparo a été l'objet de mesures spéciales en ce qui concerne sa forme, son poids, sa longueur
et la dimension de ses mailles. C'est dans les arrêtés du
5 juillet 1894, pris pour l'exécution du décret du
2 juillet 1894 dans chacun des quatre quartiers d'Algérie, que sont formulées les règles relatives à l'emploi de ce filet.

Le lamparo est une sorte de seine à ailes courtes,
dont la nappe est plus ou moins profonde et qui se
termine par une petite poche à la partie supérieure.

Il s'emploie de jour et de nuit, par des temps

calmes ; lorsqu'un banc de poissons de passage se présente, les pêcheurs mouillent une des ailes du filet et s'efforcent d'envelopper tout le banc ; ils ramènent ensuite l'autre aile vers la première et relèvent de bas en haut la nappe qui forme le fond du filet et devient ainsi une vaste cuvette dans laquelle le poisson se trouve capturé.

Cet engin nécessite, chez ceux qui l'emploient, une grande activité et une parfaite connaissance des habitudes des poissons voyageurs ; il ne saurait être considéré comme destructeur, puisqu'il n'est employé qu'au large des côtes et ne capture que des poissons de passage.

Cependant, il a donné lieu à de très violentes réclamations de la part des pêcheurs adonnés à d'autres procédés de pêche, et qui n'ayant ni les moyens ni le courage de se servir du lamparo voulaient empêcher les autres de le faire.

C'est pour mettre fin aux conflits qui se produisaient fréquemment entre les pêcheurs, à Alger notamment, que l'autorité a jugé utile de limiter les dimensions du lamparo et d'en interdire l'usage pendant trois mois de l'année dans les syndicats d'Alger, de Nemours, d'Oran et d'Arzew.

Lieux de provenance des filets. — Les filets dont se servent les pêcheurs algériens proviennent presque tous d'Italie où la main d'œuvre est peu élevée et leur fabrication organisée en grand.

Malgré les droits de douane élevés que supportent ces filets à leur entrée en Algérie, ils reviennent à un prix inférieur à celui des filets fabriqués en France.

A Algèr, on commence à faire des filets, principalement à larges mailles.

A Philippeville. quelques maisons françaises ont
réussi à vendre des filets fabriqués en France.

Il y a lieu d'espérer que les pêcheurs, reconnaissant
les bonnes qualités de nos produits, renonceront peu
à peu à s'adresser à l'étranger pour se procurer leurs
engins de pêche.

Il serait même à désirer que l'industrie de la fabrication des filets s'établit et se développât en Algérie
même où elle occuperait une partie de la population
et pourrait produire à meilleur marché que dans la
Métropole.

Lignes, Pallangres. — En dehors des filets, les
autres engins employés pour la pêche sont les lignes
de traîne, les lignes à main et les palangres.

La ligne de traîne, armée de fil de laiton et dont
l'hameçon est garni de plumes blanches, est filée der-
rière le bateau ; on pêche sous voiles et on prend des
bonites, des thons et des maquereaux.

Avec les lignes à main, on pêche soit d'un bateau
mouillé ou en dérive, soit de terre, et on prend diverses sortes de poissons, suivant la force des lignes,
l'armorce employée et les parages où l'on pêche.

Les palangres sont des lignes de fond fixes. Ils se
composent d'une forte ligne d'une longueur assez
considérable, mouillée à ses deux extrémités et sur
laquelle sont fixées de petites lignes armées, chacune,
d'un hameçon et dont le nombre peut aller jusqu'à
300. Cet engin prend toute espèce de poissons, surtout
les poissons de fond.

L'usage de ces engins est permis en tout temps et n'est l'objet d'aucune règlementation particulière.

Nasses, paniers. — Il en est de même des nasses et paniers qui servent à prendre les crustacés et quelques espèces de poissons tels que les daurades, loups, congres et rougets.

Rateaux, Dragues. — Enfin, pour la pêche des coquillages, on se sert d'une sorte de rateau à dents de fer recourbées et serrées ; cet engin est traîné sur les fonds de vase ou de sable et ramené à bord avec les coquillages qu'il a rencontrés : il ne s'emploie que près du rivage, par les petits fonds.

Pour les fonds plus considérables, on se sert d'une drague en filet, chargée de plomb et montée sur une grosse pièce de bois, qui est traînée par un bateau à voiles.

Salaisons et conserves de poissons. — Il y a quelques années, lorsque la sardine et l'anchois abondaient sur les côtes d'Algérie, il existait près des centres de pêche de nombreux ateliers de salaisons et d'importantes usines de conserves, qui préparaient pour l'exportation le poisson qui ne pouvait être consommé à l'état frais.

Actuellement, cette industrie subit une crise très grave, par suite de la rareté du poisson qui devrait l'alimenter.

A l'époque où la pêéhe de la sardine et de l'anchois florissait, il existait sept ou huit établissements de conserves à Philippeville, un à Bône et cinq à La Calle qui sont aujourd'hui fermés.

Il n'existe plus que quelques usines faisant des conserves de sardines à l'huile : deux à Mers-el-Kébir, une à Cherchell, une à Aïn-Taya, une à Philippeville et une à Collo.

Des ateliers de salaisons qui s'installaient au moment de la pêche sur un grand nombre de plages ont aussi à peu près complètement disparu.

On en signale quelques-uns à Castiglione, à Alger et à Stora.

Ce mode de préparation de la sardine et de l'anchois est des plus simples : les pêcheurs enlèvent d'un même coup, la tête et les intestins du poisson, et aussitôt on l'embarille en rangs serrés avec du sel, parfois teinté de rose au moyen de cinabre. Le poisson est ensuite fortement pressé, le vide produit par le tassement est comblé et on noie le tout sous de la saumure fraîche. Au bout de quinze jours, les barils sont fermés et prets pour la vente.

Ces conserves sont très recherchées dans le sud de la France, en Italie et en Grèce où elles trouvent un écoulement facile.

Il est à souhaiter que les poissons migrateurs reviennent bientôt dans les eaux algériennes et que la pêche reprenne son ancienne activité, afin que nos pêcheurs et nos usiniers trouvent, dans les ressources de cette industrie, une juste rémunération de leur travail et de leurs fatigues.

Ostréiculture. — Il n'existe pas sur la côte d'Algérie des bancs naturels d'huîtres d'une importance notable.

On a signalé plusieurs fois la présence de ce mollusque que les filets bœufs ramènent en petite quantité dans certains parages. Mais la qualité inférieure de ce produit et la difficulté du draguage en rendent la pêche peu rémunératrice.

Au reste, les agglomérations d'huîtres qui se forment près de l'embouchure des cours d'eau, par des fonds de vase solide, ont peu de consistance et se déplacent trop souvent pour que l'on puisse organiser des armements spéciaux en vue de leur exploitation régulière.

Les quelques essais d'élevage tentés jusqu'ici n'ont pas réussi.

Faute de capitaux suffisants et d'une connaissance approfondie des conditions physiques des parages où ils établissaient leurs parcs, les ostréiculteurs, cependant initiés aux procédés de culture pratiqués sur les côtes de l'Océan, et soutenus par l'Administration locale, n'ont obtenu aucun résultat rémunérateur et ont dû abandonner leurs entreprises.

La chaleur des eaux en été, la violence des courants en hiver, la grande quantité d'algues marines apportées par les vents constituent autant de dangers pour l'existence et la prospérité des huîtres.

Il ne faudrait pas en conclure que les difficultés sont insurmontables ; profitant des expériences faites et tenant compte des enseignements qu'elles ont donnés, un ostréiculteur intelligent et entreprenant arriverait sans doute à fonder un établissement sérieux et durable.

L'administration de la Marine serait heureuse de voir se créer et réussir en Algérie une industrie qui, méthodiquement développée, a fourni dans la Métropole d'importantes ressources à l'alimentation publique

et augmenté très sensiblement le bien-être de la popu·
lation maritime.

Moules. — Les moules sont de deux sortes : celles
qui vivent sur les rochers parmi les mousses et les
fucus et celles qui vivent sur les fonds vaseux ; les
premières sont les plus estimées.

Il n'existe aucun établissement de mytiliculture.

Sauf la petite quantité de ces mollusques recueillis
par les pêcheurs algériens, les huîtres et les moules
consommées dans la Colonie proviennent de France.
Elles sont conservées, en attendant la vente, dans des
viviers situés sur le littoral ou dans les ports.

Pêche des crustacés. — La pêche des crustacés
donne un rendement annuel d'environ 100.000 francs ;
elle concerne principalement les langoustes et les crevettes ; les homards sont en petite quantité. Les parages les plus productifs et les plus fréquentés sont :

Dans le quartier d'Oran, les îles Habibas ;

Dans celui d'Alger, les îles Colombi près de Ténès,
le cap Chenoua près de Cherchel, le cap Djinet entre
Alger et Dellys ;

Dans celui de Philippeville, le cap de Fer ;

Dans celui de Bône, les zones s'étendant entre le
cap de Fer et le cap de Garde et entre le cap Rose et
le cap Roux.

Le décret du 2 juillet 1894 interdit la pêche des
homards et des langoustes, en vue de protéger les
femelles pendant quelles portent leurs œufs, du 1er octobre au 30 novembre.

La pêche des autres espèces est permise en tout
temps.

A Alger, on reçoit une quantité assez considérable de langoustes provenant des îles baléares ; elles sont transportées par des balancelles spécialement aménagées à cet effet.

Pêche du corail. — Le corail se rencontre sur toute la côte du nord de l'Afrique et plus particulièrement sur le littoral de la Tunisie et du quartier de Bône. Son exploitation, qui date de plusieurs siècles, est devenue depuis le xvi° siècle le monopole presque exclusif des armateurs français.

La Compagnie d'Afrique, établie au « Bastion de France », à la Calle, exerça le privilège de la pêche du corail jusqu'en 1799.

A partir de cette époque, la pêche devint libre pour tous les étrangers, moyennant l'acquittement d'un droit déterminé.

En 1824, une Compagnie anglaise chercha à obtenir le monopole de la pêche du corail sur toutes les côtes barbaresques, mais elle échoua dans sa tentative.

En 1832, la France obtint du bey de Tunis une convention réservant à nos nationaux le droit exclusif de la pêche du corail sur tout le littoral tunisien, moyennant le paiement d'une redevance de 13.500 piastres qui s'acquitte encore aujourd'hui.

Après la conquête de l'Algérie, nous devenions les maîtres de fixer la réglementation de cette pêche sur le littoral de la Colonie. Une patente fût imposée aux bateaux étrangers admis à pratiquer la pêche, tandis que les bateaux français étaient exemptés de tous droits et l'objet de certaines faveurs.

Malgré ces dispositions, la pêche du corail était

restée entre les mains des Italiens, et ce n'est que depuis la loi du 1ᵉʳ mars 1888 que nos nationaux sont seuls admis à l'exercice de cette pêche dans les eaux territoriales de l'Algérie.

L'exploitation excessive des bancs les a tellement apprauvis que les pêcheurs ont renoncé d'eux-mêmes à une pêche pénible qui n'était plus suffisamment rémunératrice.

En 1877, 263 bateaux ont pêché 33.685 kilos de corail représentant une valeur de 2.311.950 francs.

En 1888, le nombre de bateaux était réduit à 26 et le produit de la pêche n'était que de 265.550 francs.

Aujourd'hui, on ne compte plus que 9 bateaux armés pour la pêche du corail, dont le rendement n'a pas atteint 40.000 francs en 1898.

Cette décadence complète d'une industrie si longtemps prospère a attiré l'attention de l'administration de la Marine et des pouvoirs publics.

Tout récemment divers pêcheurs ont été, à titre d'encouragement, autorisés à compléter leurs équipages par moitié d'étrangers, sous la condition expresse de ne pêcher que sur les bancs situés hors des eaux territorales.

Quelques armateurs ont sollicité la même faveur pour la pêche sur tous les bancs sans exception.

L'administration n'a pas cru devoir adopter une pareille mesure qui aurait été dommageable pour les pêcheurs français ou naturalisés français.

A ce sujet, on doit faire remarquer que les 7 bateaux pratiquant la pêche du corail dans le quartier d'Oran sont montés par 43 hommes, dont 38 inscrits maritimes français ou naturalisés français et 5 étrangers seulement.

Il est à présumer que la gêne momentanée provenant de la pénurie des marins aptes à cette pêche, cessera avec l'entêtement des armateurs lorsqu'ils se décideront à accorder un salaire en rapport avec le travail exigé, dussent leurs bénéfices être moins élevés.

La principale préoccupation de l'administration de la Marine a été d'empccher la ruine complête des bancs corallifères existant encore et d'en favoriser la reconstitution en réglant méthodiquement leur exploitation.

C'est dans ces vues qu'a été édicté le décret du 15 mars 1899.

Cet acte rappelle d'abord lcs dispositions du décret du 22 novembre 1883 fixant les conditions d'exercice de la pêche du corail et l'emploi des engins autorisés ; les pêcheurs ne peuvent se servir que d'une croix de bois garnie de filets de chanvre et munie à son centre d'un poids suffisant pour la faire descendre au fond. Les bras de cette croix ne devront porter aucune armature métallique. Les instruments de fer ou autre métal, tels que grattes, dragues, grappins, etc., sont prohibés.

L'emploi du scaphandre est autorisé.

Ce mode de pêche est de beaucoup le meilleur ; car il ne nuit pas à la reproduction du corail et il permet au plongueur de choisir les plus belles branches, sans toucher aux jeunes pousses ; malheureusement, il n'est praticable que sur les bancs situés à de faibles profondeurs.

En second lieu, le décret du 15 mars 1899 réserve la pêche du corail aux bateaux français dont les équipages, composés conformément à l'acte de navigation du 21 septembre 1793, ne peuvent comprendre des étrangers que dans la proportion du quart des effectifs.

Les bateaux pêchant en dehors des eaux algérienne peuvent exceptionnellement recevoir des étrangers jusqu'à concurrence de la moitié de cet effectif.

Enfin, comme mesure de protection et de conservation des bancs, le décret divise le littoral de l'Algérie en trois zones, dans chacune desquelles la pêche est alternativement ouverte pendant cinq années consécutives, tandis qu'elle est interdite pendant la même période, dans les deux autres. Chaque zone doit, par suite, demeurer dix ans en repos, temps estimé nécessaire pour assurer la repousse du corail et permettre aux nouvelles branches d'atteindre un développement suffisant pour avoir une valeur marchande rémunératrice.

Un arrêté du Gouverneur général de l'Algérie, pris le 2 juin 1899, en exécution du décret du 15 mars 1899, fixe au 1er octobre 1899 l'application des dispositions de l'article 4 du décret divisant le littoral algérien en trois zones et déclare la pêche du corail ouverte pour une durée de 5 ans, à partir de cette date, dans la première zone qui comprend tout le littoral du quartier de Bône et s'étend de la frontière de la Tunisie au Cap de Fer.

Cette règlementation rationnelle et prévoyante paraît avoir été assez bien accueillie par la population maritime ; nous pouvons espérer qu'elle mettra fin à la crise actuelle et qu'elle ouvrira l'ère d'un nouvel essor pour la pêche du corail.

Comme complément des mesures propres à préparer ce résultat si désirable, le Conseil supérieur du Gouvernement, sur la proposition du Contre-amiral Servan et de plusieurs de ses collègues, a voté, dans sa dernière session de février 1900, à l'unanimité, l'ouverture d'une campagne ayant pour but, à frais communs entre l'Algérie, la Tunisie et la métropole, l'établissement de la carte hydrographique de tout les gisements de corail sur nos côtes de l'Afrique du Nord. Si cette carte existait, elle rendrait les plus grands services à nos pêcheurs.

VI. Domanialité publique maritime

Le Domaine publique maritime n'est l'objet d'aucune exploitation particulière.

Etablissements de pêche. — Comme établissements de pêche, ainsi que nous l'avons dit, une seule madrague, située à Dellys, dans le quartier d'Alger, est encore calée pendant l'été.

Les concessions existantes sur les divers points du littoral et dans les ports ne concernent que des viviers en maçonnerie ou flottants, où l'on met en réserve le poisson, les crustacés et les coquillages, en attendant de les livrer à la consommation. Ces viviers appartiennent à des marchands ou restaurateurs et à quelques particuliers.

Ils n'offrent aucun intérêt pour l'industrie de la pêche.

Quant aux occupations de portions de plage, qui sont

en très grand nombre, elles servent principalement à l'installation de cabines de bains.

Près des grandes villes, on a créé de véritables établissements balnéaires comportant d'abord des cabines et surtout un café restaurant.

Ces établissements sont ordinairement très fréquentés pendant la saison d'été qui dure de mai à octobre.

On rencontre même des embryons de stations balnéaires, où se rendent les colons des environs ; nous citerons à ce titre : Tipaza, Castiglione, Fouka-Marine, à l'Ouest d'Alger ; Fort de l'Eau et Aïn-Taya, à l'Est.

Sur certaines plages on extrait en grande quantité du sable pour les constructions.

CONCLUSIONS

En terminant cet exposé de la situation des services
maritimes de l'Algérie, nous devons signaler d'abord
l'importance de la population essentiellement maritime de la colonie et vivant des ressources de la navigation et de la pêche.

Le nombre des inscrits maritimes français ou
naturalisés français s'élève à 5.681 ; les trois quarts
d'entre eux ont une famille dont la moyenne est de
5 personnes, ce qui donne un total d'environ 21.000
individus : hommes, femmes et enfants.

Si l'on ajoute à ce chiffre les familles des armateurs, mandataires, saleurs, fabricants et marchands
d'engins de pêche et d'objets de navigation, charpen-
tiers, voiliers, mécaniciens, chaudronniers, entrepre-
neurs de travaux de réparation de machines et de
navires, on se rend compte de la place considérable
que les industries maritimes et les intérêts qui s'y
rattachent occupent dans le mouvement économique
de l'Algérie.

En comparant la situation actuelle avec celle d'il y
a dix ans, nous sommes amené à faire des constata-
tions en général encourageantes.

Il y a bien quelques ombres au tableau, résultant

de circonstances passagères. Mais cela ne nous empêche pas de bien augurer de l'avenir.

En somme, de grands progrès ont été accomplis et les œuvres créées dans ce pays continuent à grandir et à se développer pour le plus grand profit de la colonie et de la métropole.

L'assimilation de la population se fait peu à peu ; l'invasion étrangère est arrêtée et les fils des naturalisés, déjà algériens, seront bientôt de vrais français.

Il serait à souhaiter que les municipalités et le Ministère de l'Instruction publique fissent les sacrifices nécessaires pour instruire tous ces enfants qui restent pour la plupart illettrés, parce que la place manque pour les recevoir dans les établissements scolaires devenus insuffisants.

C'est surtout par la langue que s'exerce l'influence de la nation souveraine dans un pays comme l'Algérie où se rencontrent des individus de nationalités diverses.

Quand tous les habitants de la colonie parleront et liront le français, ils auront des idées françaises et quelle qu'ait été leur origine, ils seront tous confondus dans la même assimilation avec nos compatriotes venus de la métropole.

Il serait avantageux aussi de répandre l'instruction professionnelle parmi les marins ; ce serait un moyen de les arracher à la routine et à des coutumes déraisonnables importées par les premiers immigrants.

Enfin, il faudrait leur inspirer le goût de l'association et de la solidarité auxquelles ils se montrent jusqu'ici réfractaires.

Tout cela ne saurait se faire en un jour ; mais avec l'instruction primaire largement répandue, leur curiosité intellectuelle éveillée, les jeunes gens seraient prêts à recevoir l'instruction professionnelle et, après une ou deux générations, nous aurions des hommes nouveaux qui feraient de bons marins pour la flotte et de bons citoyens pour le pays.

Dans la mesure de leur action propre, les commissaires de l'Inscription Maritime, inspirés de ces sentiments, se sont efforcés d'éveiller chez les inscrits le désir de s'instruire et ont appuyé de toute leur autorité les initiatives des sociétés particulières et des assemblées électives en vue de répandre la connaissance de notre langue et l'enseignement professionnel.

Les débuts ont été difficiles, les résultats obtenus peu encourageants ; mais les bonnes volontés ne se rebutent pas et leur persévérance aura raison de l'apathie et de l'insouciance des intéressés.

En ce qui concerne la navigation maritime, nous avons vu l'accroissement considérable du mouvement général des navires dans les ports algériens, qui a presque triplé depuis dix ans, comme tonnage. Quant aux navires relâcheurs, leur tonnage a été en 1898 huit fois plus élevé qu'en 1888.

Dans la navigation côtière, les anciens voiliers ont

été à peu près remplacés partout par des navires à vapeur, dont le nombre et le tonnage continuent à augmenter.

Les services postaux réguliers sont mieux répartis et plus rapides.

L'influence de ces importants progrès du commerce maritime n'a pas été sans se faire sentir dans toutes les branches de la vie commerciale, industrielle et agricole du pays.

Par la rémunération du travail fourni, les facilités données à l'écoulement des produits de la colonie et l'activité des échanges avec la métropole et l'étranger, la richesse générale s'est accrue et le bien-être des colons s'est amélioré dans une large mesure.

Quant à la pêche côtière, elle est actuellement dans une situation bien moins brillante qu'il y a dix ans, la valeur des produits pêchés annuellement a diminué d'un tiers, ce qui représente une perte d'environ 1.200.000 francs. Cela provient de la rareté des bancs de sardines et d'anchois qui se sont présentés sur nos côtes dans les dernières années. Les marins particulièrement adonnés à la pêche de ces poissons souffrent cruellement de cette situation.

Les usiniers et saleurs, qui, comme les pêcheurs, vivent de cette pêche, souffrent également de voir leur matériel et leurs bras inutilisés.

Nous devons espérer que cet état de choses n'est que momentané : l'apparition des poissons migrateurs est assez capricieuse ; leur disparition ne saurait donc être définitive ; et, après une éclipse de plusieurs années, il y a lieu de penser que les bancs poissonneux reparaîtront aussi nombreux et aussi abondants qu'autrefois.

En faisant abstraction de cette pêche spéciale, on voit que la valeur des produits pêchés en Algérie est égale au cinquième du produit de la pêche dans le cinquième arrondissement maritime, ce qui lui donne une importance relative très appréciable.

Nous avons constaté la décadence complète de la pêche du corail ; mais la nouvelle réglementation qui vient d'être adoptée nous permet d'espérer sa prochaine renaissance.

Pour maintenir l'ordre à bord des nombreux navires et bateaux naviguant dans les eaux algériennes et pour assurer l'exécution des lois et règlements relatifs à la police de la navigation et de la pêche, il est indispensable que ces bateaux soient soumis à un contrôle très actif.

L'organisation actuelle de ce service est insuffisante et les autorités maritimes se sont préoccupées de la modifier pour rendre la surveillance plus constante et plus efficace.

Indépendamment des règles de police d'ordre général qu'elle a pour mission de faire respecter, l'autorité maritime doit s'appliquer particulièrement en Algérie, à faire observer strictement la loi du 1er mars 1888 interdisant la pêche aux étrangers, d'une part, et à empêcher les pêcheurs d'enfreindre les mesures de protection édictées en vue de la conservation des espèces ichthyologiques, d'autre part.

Pour le premier point, il faut que les agents chargés de la police maritime puissent facilement s'assurer de l'identité des hommes présent à bord des bateaux et constater que la proportion d'étrangers embarqués ne dépasse pas la limite fixée ; à cet effet, les bateaux doivent être visités fréquemment à la sortie et à l'entrée des ports, ainsi que sur les lieux de pêche : l'appel des marins portés sur le rôle permet alors de relever les contraventions.

Ce service, confié en partie aux syndics et gardes maritimes, ne peut être effectivement exécuté que si ces agents sont munis d'embarcations leur permettant de se rendre à bord des bateaux assujettis à leur contrôle.

Quant au second point, les mêmes agents, en effectuant leurs visites, peuvent s'assurer que les pêcheurs ne sont munis que d'engins de pêche règlementaires.

Mais pour surveiller l'emploi de ces engins sur les lieux de pêche, souvent éloignés des ports et du rivage, de même que pour s'assurer que la pêche ne s'exerce que dans les zones où elle est autorisée, il est indispensable d'avoir des bateaux à vapeur d'une vitesse supérieure à celle des bateaux de pêche et pouvant se rendre rapidement, en tout temps, de jour et de nuit, dans les parages où se trouvent les pêcheurs.

Les bâtiments actuellement affectés au service de surveillance ne réunissent pas les conditions voulues pour accomplir convenablement cette mission.

Appelé à remplir un rôle surtout militaire la *Dague* et le *Téméraire* n'exercent leur surveillance que par intermittence.

C'est ainsi que la *Dague* a été pendant six mois, en 1899, presque exclusivement occupée par le service de la Défense Mobile, à Oran, et n'a guère pu, pendant ce temps, exercer sa mission de garde-pêche.

Quand aux chaloupes vedettes *Cheliff* et *Seybouse*, elles ne peuvent, malgré la bonne volonté de leur personnel, suffire à serveiller une étendue de côtes de près de 600 milles.

C'est en vue de remédier à cet état de choses que M. le Contre-Amiral, Commandant la Marine en Algérie, a proposé, avec l'approbation du Ministre de la Marine :

1° De doter chaque quartier d'une péniche à vapeur garde-pêche, armée par un personnel civil, suivant les conditions du décret du 10 octobre 1897, actuellement appliqué sur le littoral de la métropole ;

Ce bateau, placé sous l'autorité immédiate du Commissaire de l'Inscription Maritime, recevrait de lui ses instructions et se transporterait partout où sa présence serait jugée nécessaire ;

2° De donner à un certain nombre de gardes-maritimes une indemnité pour l'entretien d'une embarcation, leur permettant d'exercer leur surveillance soit à l'intérieur, soit au large du port de leur résidence ;

La création de ce nouveau service est tenue en suspens pour des considérations d'ordre financier.

Il est à penser qu'après entente avec le Ministère de la Marine, on pourrait, au moyen du transfert des crédits affectés par ce département à la surveillance de la pêche et de la navigation en Algérie, pourvoir à ces dépenses, sans augmentation de charges pour l'Algérie.

Cette réforme, complétant l'organisation des services maritimes, assurerait leur fonctionnement dans les meilleures conditions.

Le développement de la pêche et des industries qui en dépendent pourrait alors prendre une plus large extension, au profit de nos nationaux et sans que l'on ait à redouter la diminution des richesses de la mer, garanties contre les déprédations des pêcheurs imprévoyants.

L'importance du but à atteindre et l'intérêt patriotique qui s'y rattache détermineront, nous en sommes certain, l'assentiment et le concours de tous ceux qui pourront contribuer à sa réalisation.

Alger, le 1er mai 1900.

ÉTAT des produits de la pêche en quantités et par ports pendant l'année 1898

ESPÈCES	QUARTIER D'ORAN					QUARTIER D'ALGER					QUARTIER DE PHILIPPEVILLE			QUARTIER DE BONE	
	NEMOURS	BENI-SAF	ORAN	ARZEW	MOSTAGANEM	TÉNÈS	CHERCHELL	CASTIGLIONE	ALGER	DELLYS	BOUGIE	DJIDJELLI	PHILIPPEVILLE	BÔNE	LA CALLE
	Kilogr.	Kilogr.	Kilogr.	Kilogr.	Kilogr.	Kilogr.	Kilogr.	Kilogr.	Kilogr.	Kilogr.	Kilogr.	Kilogr.	Kilogr.	Kilogr.	Kilogr.
Sardines	600	53.000	185.000	35.000	1.500	14.000	175.600	184.000	150.000	11.500	30.800	51.000	644.000	40.000	337.000
Anchois	»	6.000	300	»	200	400	5.000	23.500	5.000	»	5.800	8.400	7.300	»	5.800
Allaches	200	»	201.000	128.000	3.000	»	3.000	15.000	150.000	»	600	1.400	62.600	21.000	800
Bonites	1.500	300	5.000	38.000	25.000	8.000	»	»	90.000	1.000	4.000	1.300	16.800	»	»
Pélamides	100	»	19.000	29.000	»	»	»	»	»	»	»	»	»	»	»
Maquereaux	»	1.080	69.000	10.000	500	»	600	9.000	11.000	7.000	»	900	9.200	3.700	200
Thons	400	18.000	1.300	17.000	9.000	100	5.300	7.000	30.000	500	»	400	400	1.700	400
Merlans	500	40.600	107.600	40.500	71.600	2.900	13.900	21.300	52.500	57.600	14.000	1.600	30.000	60.500	11.000
Rougets	1.200	23.200	180.700	48.300	55.100	7.500	12.100	23.300	83.100	»	5.800	600	26.000	80.600	14.200
Soles	100	700	9.600	3.200	2.900	201	3.000	300	10.800	»	200	»	3.000	4.000	1.200
Plies et Limandes	300	»	40.000	9.600	4.000	»	»	»	»	»	»	»	»	»	»
Anguilles et Saurels	400	4.800	20.700	»	»	40	6.000	1.300	22.300	»	»	»	1.200	»	»
Bars ou loups	100	»	20.000	»	»	100	»	»	40.800	»	600	500	18.000	»	»
Rascasses	200	4.700	52.300	28.600	1.400	»	4.400	»	74.000	»	430	1.500	6.000	20.100	3.500
Grondins	300	9.800	75.600	»	»	»	5.300	»	»	»	2.000	»	24.000	28.200	4.500
Mulets	100	»	»	»	»	60	1.000	1.500	19.800	100	1.000	»	16.600	40.300	3.500
Pagels, Bogues et Jarets	6.900	1.700	270.300	34.400	»	2.000	8.500	3.200	40.000	»	3.500	9.000	32.000	27.000	5.600
Mérols	200	6.400	32.000	25.500	»	1.000	4.200	1.200	12.900	10.000	4.300	5.000	28.000	18.000	4.300
Congres	100	»	»	8.500	»	»	»	»	»	»	»	»	»	»	»
Murènes	200	»	»	10.200	»	»	»	»	»	»	»	»	»	13.000	1.400
Raies	1.100	48.800	22.000	18.400	5.000	600	15.000	5.100	45.600	»	900	3.000	8.000	7.000	2.000
Poulpes, Sèches et Calamards	900	20.100	43.500	16.300	»	100	2.000	3.300	35.600	»	600	2.400	21.000	5.800	2.300
Squales, Roquins, Chiens de mer, Roussettes, etc.	»	4.800	21.870	19.800	»	2.000	6.000	6.000	181.300	»	3.000	2.400	24.800	97.700	12.000
Divers	»	»	»	»	»	6.400	50.500	36.900	131.900	3.600	5.860	3.000	122.900	600	380
Homards et Langoustes	»	70	7.600	400	300	500	800	1.400	9.400	700	400	900	3.900	2.200	280
Crevettes	»	600	400	1.300	200	1.000	1.800	1.000	60.000	»	200	»	8.300	1.600	10
Autres crustacés	»	»	200	»	»	»	»	»	»	»	»	»	»	»	430
Huîtres	»	160	400	»	»	»	»	»	»	»	»	»	»	»	»
Moules	»	190	70	»	4.600	»	»	»	»	»	40	2.700	55.800	»	»
Autres mollusques	»	»	40	»	»	»	»	»	»	»	»	»	2.200	»	»
Corail	»	»	600	»	»	»	»	»	»	»	»	»	»	»	300
TOTAUX	15.000	215.000	1.356.000	522.000	181.000	46.000	324.000	344.000	1.226.000	92.000	81.000	95.000	1.466.000	473.000	412.000

CARTE DE L'ALGÉRIE (CÔTES)

faisant ressortir le produit par ports de la pêche pendant l'année 1898 et indiquant les gisements de Corail.

Produit de la pêche en quantités et par ports en 1898

(0ᵐ.01) un Centimètre pour 100.000 Kilogˢ.

- ⊘ Bancs de Corail exploités :
  1.3.5.7.8.13.32.34.35.36.37...
- • Bancs de Corail susceptibles d'être exploités :
  14.24.25.26.27.28.29.30.31.33.38.39...
- ○ Bancs de Corail ruinés :
  2.6.9.10.11.12...
- ○ Bancs de Corail abandonnés :

Carte de l'Algérie (Côtes)
faisant ressortir le produit par ports de la pêche pendant l'année 1898 et indiquant les gisements de Corail.
MAROC
ALGÉRIE
TUNISIE
Nemours
Milena
Beni-Saf
Oran
Mostaganem
Ténès
Cherchel
ALGER
Dellys
Bougie
Djidjelli
PHILIPPEVILLE
BÔNE
La Calle
IMP: GIRALT. ALGER.
E. Charlier. Autographe.
Produit de la pêche en quantités et par ports en 1898
(0.m 01) un Centimètre pour 100.000 Kilog.s
Bancs de Corail exploités :
1.3.5 7.8.13.34.34.35.36.37._
Bancs de Corail susceptibles d'être exploités :
14.24.25.26.27.28.29.30.31.33.38.39._
Bancs de Corail ruinés :
2.6.9.10.11.12._
Bancs de Corail abandonnés :
4.15.16.17.18.19.20_

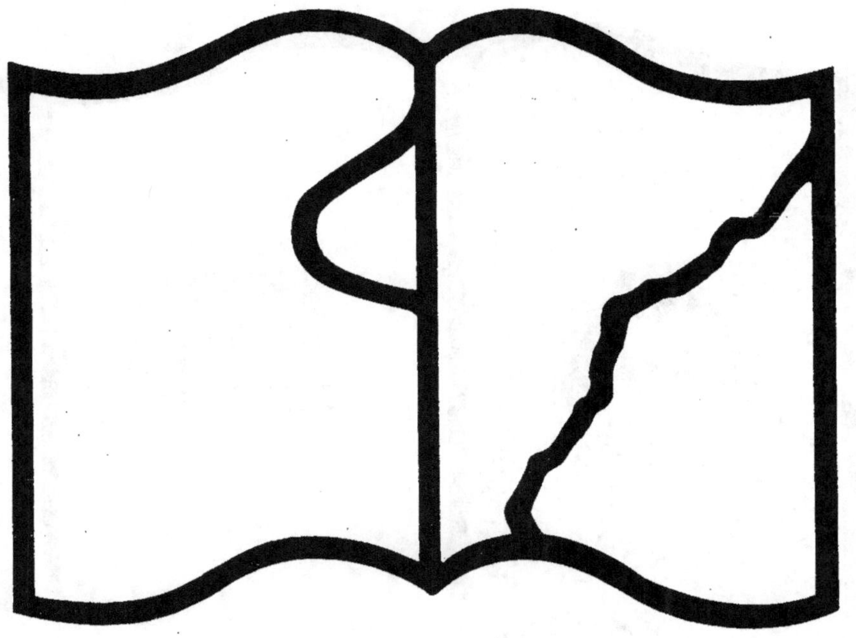

Texte détérioré — reliure défectueuse

NF Z 43-120-11

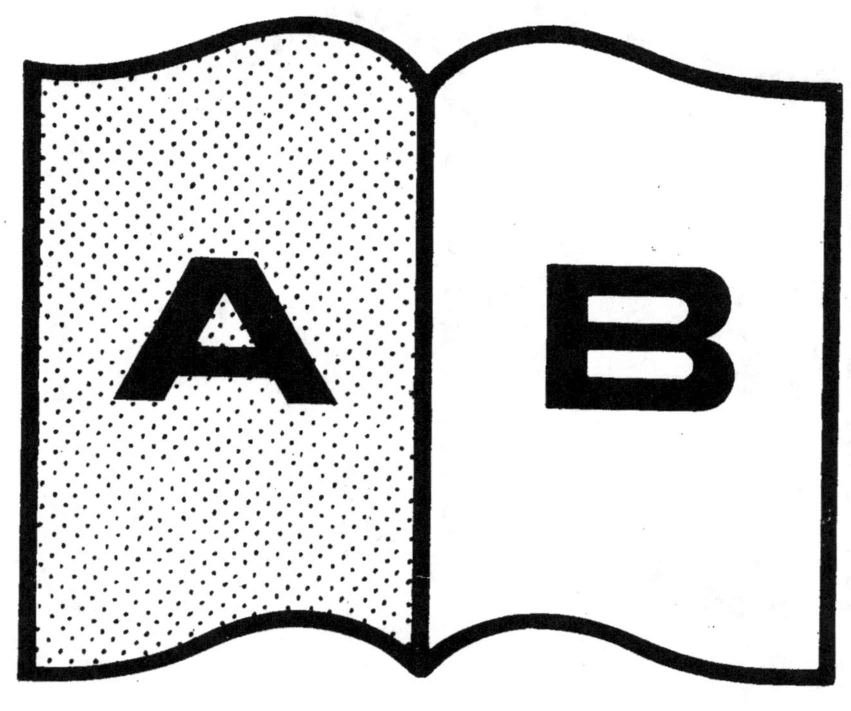

Contraste insuffisant

NF Z 43-120-14